SÉVÈRE JUSTICE

SUR LES FAITS

QUI DU 28 JUIN AU 3 JUILLET 1815, ONT PRÉCÉDÉ

LA CAPITULATION DE PARIS.

AU NOM DE LA MÉMOIRE DU CHEF D'ÉTAT-MAJOR
DE M. LE MARÉCHAL GROUCHY,

ET AVEC PIÈCES JUSTIFICATIVES AUTHENTIQUES.

PARIS,
DENTU, Libraire-Editeur, Palais-Royal, 17 et 19.

BAYEUX
TYPOGRAPHIE SAINT-ANGE DUVANT.
Juin 1866.

SÉVÈRE JUSTICE.

Un soupir, qui de Sainte-Hélène a traversé les mers et traversera les siècles, a été recueilli par le noble historien des deux restaurations ; et le lecteur s'arrête avec une émotion profonde et respectueuse devant l'épigraphe : Y A-T-IL EU TRAHISON ? » — Cet historien, dans sa passion de probité, a fait en outre au nom de tous, un aveu imposant pour tout écrivain comme pour tout lecteur, lorsqu'il a dit en 1846, et maintenu depuis en face de nombre de contemporains intéressés. — « *Les » générations futures scruteront sévèrement notre con- » duite*, avait dit Napoléon sept semaines auparavant » dans son discours au champ de mai. Trente ans se » sont écoulés depuis que cette parole a été prononcée, » et la sévère justice est encore à venir, pour les faits » comme pour les hommes de 1815. Un triple voile a » couvert jusqu'à ce jour les malheurs et les hontes de » cette époque. Egarée par les passions nées de la

» lutte ; trompée par l'ignorance et les mensonges des
» orateurs et des écrivains contemporains ; la mémoire
» publique n'a gardé de la double chute de l'Empire,
» et des deux avénements de la Restauration, que d'in-
» complets et d'inexacts souvenirs ; confondant les actes
» et les dates, elle fait exclusivement porter sur un ou
» deux noms, le poids qui doit peser sur un très-grand
» nombre. »

Prenant cette sentence pour programme de notre travail, nous avons adressé un *appel à l'histoire*, en lui soumettant simultanément à l'appui, des documents ignorés sur les faits de Waterloo. — Aujourd'hui nous transportant aux jours plus néfastes encore de la capitulation de Paris ; armés de documents nouveaux et toujours ignorés, nous venons tenir le flambeau, devant *cette sévère justice encore à venir en 1866, pour les faits comme pour les hommes de 1815.*

La question suprême sur ces funèbres journées, est celle de savoir : si notre vaillante armée a été en mesure, non pas de céder les 2 et 3 juillet à un fanatique et stérile désespoir, en faisant volontairement de Paris les Thermopyles de la France ; mais de signaler son incontestable puissance les 30 juin et 1er juillet, en sauvegardant sous Paris par une victoire immense et certaine, les intérêts et l'honneur de la patrie. Cette question repose toute entière, sur le moment précis, où le pouvoir exécutif a reçu des généraux alliés, un refus aveugle, absolu, indubitable, de toute négociation suspensive d'hostilités.

Si, comme le suppose l'histoire, ce refus n'a été connu du gouvernement dans toute sa gravité, que le 1er juillet après-midi, au retour de la Commission civile d'armistice; si en résultance le *Summum* de la question reste fixé à cette date; l'histoire a pu admettre l'excuse d'une nécessité accomplie. — Mais si le refus a été connu le 29, dans toute sa gravité politique, augmentée de circonstances militaires souverainement imposantes; alors il reste à combler une lacune de deux jours, pour conduire les faits à l'heure de la nécessité.

Or, nous entendons prouver par pièces incontestables, que cette connaissance exacte des faits, était immutablement acquise au maréchal Davoust et au duc d'Otrante le 29 juin au soir, par le retour de la mission militaire, remplie par le général Le Sénécal, chef d'état-major du maréchal Grouchy; qu'une circonstance éventuelle de cette mission, ayant apporté le témoignage irréfragable, des résolutions aussi violentes dans notre armée que dans celles de l'ennemi, les faits du 29 juin constituent le *Summum* de la question, et dominent entre tous ceux, dont la capitulation de Paris a été la conséquence rendue alors inévitable.

Pour effectuer cette preuve, nous ajouterons à nombre de pièces imprimées, plus ou moins acceptées par l'histoire, de nouvelles pièces exhumées en septembre 1865, des rebuts d'archives publiques où elles étaient enfouies depuis 50 ans, dans un état d'oblitération. Pour constituer nos titres à l'attention du lecteur, nous lui soumettons dès le début le texte de ces pièces, qui en même temps qu'elles traduisent pour nous, de grandes obscurités de souvenirs et d'impressions, nous paraissent en dehors de toute question personnelle, être devenues historiques au premier chef.

COPIES EN FAC SIMILE

De Pièces Autographes Justificatives.

énéral
elmans
ministre de
guerre.

« Monseigneur,

« J'ai l'honneur de prévenir Votre Excellence que je suis arrivé ici « ce soir; je me serais empressé d'aller présenter mes hommages à « V. E., si je n'en avais été empêché par quelques raisons de service.

« Je dois avoir l'honneur de faire part à V. E. de ce qui est arrivé « ce matin au général Sénécal qui traversait ma colonne. Cet officier « fut reconnu pour être en chaise avec un officier prussien. Je fis ce « qui dépendit de moi pour soustraire le général Sénécal à la fureur « des soldats; et je le fis venir ici avec l'officier prussien. Je cédai « aux instances *des soldats.* (sic.) général, et le laissai aller chez le « maréchal Grouchy par qui il disait avoir été envoyé au général « Blucher, pour traiter d'une suspension d'armes. Le général Sénécal « devait revenir chercher l'aide-de-camp du maréchal Blucher, mais « ne le voyant pas arriver, j'envoie ce dernier à V. E. pour qu'il lui « fasse part de l'objet de sa mission, ce dont V. E. rira probablement « beaucoup.

« Demain je continuerai mon mouvement sur Montrouge. J'oubliais « de dire à V. E. que dans toute la colonne de nos troupes, on pré- « tendait que Sénécal est un traître et qu'il serait jugé comme tel. « Les troupes sont persuadées qu'il sera gardé de très près, puisqu'il « était entre mes mains, mais j'avoue qu'il a eu le talent de s'en « aller pour trouver V. E...... de la méfiance sur moi.

« J'ai l'honneur d'être avec respect, Monseigneur votre très h *(sic)* « et très dévoué serviteur. le général EXCELMANS.

« Le 29 juin, à minuit, à Vincennes.

« Mes chevaux sont placés (ou plutôt nos.)

RÉFLEXIONS.

L'autographe porte très-lisiblement le mot *des* et à la suite le mo *soldats* raturé.

Dans sa lettre en date du 13 juin 1840 à M. Berthezène, le général Excelmans place au 30 juin le fait de la sédition militaire, et dit : « *J'envoyai le général Le Sénécal avec une escorte au ministre de la guerre.* » Ici il dit, l'avoir ramené dans sa colonne jusqu'à Vincennes. et l'avoir laissé aller près du maréchal Grouchy.

Pourquoi ne lui a-t-il pas donné dès le matin une escorte pour aller avec le parlementaire près du maréchal Grouchy, dont le quartier général était à Claye, éloigné de trois lieues au plus ?

Pourquoi a-t-il retenu pendant douze heures une mission remplie par ordre du Gouvernement, et par le représentant légal et officiel de son général en chef ; lequel représentant était dans la position relative. son chef à lui-même ?

Chef d'escadron Rambourg au ministre de la guerre.

« Ce matin en sortant de Meaux, M. le lieutenant-général Excel-« mans a fait arrêter le nommé Brunecker, aide-de-camp du maré-« chal Blucher ; cet officier était accompagné de M. le général Séné-« chal. M. Brunecker était chargé de proposer au maréchal Grouchy « de faire rester ses troupes de l'autre côté de la Marne, et de ne « point prendre part à la défense de Paris. Un officier du 1er régiment « de chasseurs à cheval, qui a été chargé de surveiller ces deux mes-« sieurs, a remarqué que M. le général Sénéchal mâchait du papier « qu'il a avalé.

« M. le général Excelmans m'a ordonné de conduire M. le major « Brunecker à S. E. M. le ministre de la guerre, ce dont je me suis « acquitté.

« La Villette, 30 juin, deux heures du matin.

« Le chef d'escadron RAMBOURG, 1er de chasseurs à cheval. »

RÉFLEXIONS.

Ce M. Rambourg que son ardent patriotisme, porte à se rendre *sciemment* l'éditeur d'un mensonge incendiaire, avait par pétition du 14 septembre 1814, supplié Louis XVIII de lui accorder la croix de Saint-Louis. en raison *de son dévouement à l'auguste dynastie des Bourbons.*

« La Villette, ce 30 juin.

...de-camp ...u maréchal Blucher ministre de la guerre.

« C'étoit le 29 juin a une heure le matin que je recevois l'ordre du « prince maréchal de Blucher Vaklstad de me porter toute suite à la « poste, pour accompagner le général françois Senegal jusqu'au le « maréchal Grouchy, duquelle il avait été envoyé le matin, dans le « moment ou nos troupes avoient attaqué le corps du Maréchal près « de Villers Cotteret. La situation des corps du maréchal Grouchy « était vraiment facheuse, il ne pouvait pas compter de pouvoir en- « core se reunir avec les troupes francoises, qui s'etaient retirer sur « Paris. Çest probablement la raison pourquoi le maréchal avait fait « la proposition pour un armistiche. Le maréchal prince Blucher « voulant profiter des circonstances, sans avoir necessaire de pousser « ses troupes trop à la gauche, me charga de dire au maréchal Grou- « chy, qu'il voulait faire suspendre les hostilités sur le champ, si le « Maréchal voulait prendre avec ses corps d'armée, une position der- « rière la Marne ou la Seine, sans tâcher de se réunir avec les trou- « pes à Paris. Je devois alors si le Maréchal aurait accepté cette con- « dition, en avertire nos avant-postes, et faire cesser les hostilités.

« En prennant le chemin de Senlis sur Dommartin, je fis accom- « pagner le général Sénégal d'une détachement de notre cavalrie jus- « qu'à nos extrêmes avant-postes. Je le renvoyais alors parceque « l'espace de avant postes était très grande, étant convaincu que je « ne pouvois pas avoir une meillieure sauvegarde que celle d'un gé- « néral françois..... ne trouvant plus le maréchal Grouchy à Maeux, « je suivais le mouvement de son armée sur Lagny, Champen........ « mais à peine etoit je entrois dans les collonnes de la cavalrie, qu'on « commencoit déja a prendre suspect le général Sénégal et moi.— « Le général Natier, à la tète comme je crois du 1er regiment des chas- « seurs, fit descendre le général Sénégal et l'interrogoit, tandis que je « restois assise dans le cabriolet. On me donna sur le champ une « escorte, on commenca a me traiter comme prisonnier et pas comme « parlementair. Un officier des chasseurs prétendait d'avoir vu que « le général Sénégal avait torché un pappier en descendant de la « voiture, quoique le Général donna sa parole d'honneur que ce n'e- « tait pas vrai. Cest qui me regarde je pourrois engagé ma parole « d'honneur, et tout ce qui m'est le plus cher au monde que je ne « l'ai pas vu. Les chasseurs s'attroupoient toujours plus autour de « mon cabriolet, et insultoient de maniere le général Sénégal qu'il

« était forcé de sauter du cabriolet et de prier les généraux de lui « rendre justice. Çest au officiers supérieurs et surtout au général « Hexelmans qui m'a traité avec tant de bonté, que je le dois de « n'etre pas maltraiter, et peut etre sabrer par les chasseurs.

« Après que le général Hexelmans savait informer de tout les cir- « constances, il avait la bonté de m'inviter pour diné a Vincennes, « et de me permettre de retourner sur un de ces propres chevaux a « nos avant poste, me donnant pour sauvegarde son chef d'etat « major.

« Apres que la situation de l'armée du maréchal Grouchy savait « bien changer dans les derniers vingt quatre heures, je croyois ne « devoir plus faire les propositions pour un armistiche au maréchal « Grouchy. Cest pourquoi je n'ai pas eu l'honneur de lui parler. Mais « je le croyois de mon devoir de faire rapport de ma commission à « S. A. le ministre de la guerre prince d'Ecmulh.

« B. de BRUNNECK, aide de camp de S. A. le prince Blucher. »

RÉFLEXIONS.

Dans sa lettre du 15 juin 1840, le général Excelmans dit que le parlementaire a déclaré *que l'armée devait évacuer Paris le lendemain.* Il parle de la réponse hautaine qu'il lui a faite, elle est vraie, il a dit: « *avant ça vous mangerez la lame de nos sabres.* »

Dans sa lettre du 29 juin 1815, il ne donne pas le texte de la proposition et explique fort peu la situation, très nettement mise à jour par le major prussien.

Nous avons du adopter la version du général Excelmans acceptée depuis cinquante ans, sur l'exigence des conditions du maréchal Blucher, lorsque nous n'avions pas de moyen de contrôle; mais nous avouons que le rapport du major de Brunneck, pièce historique au premier chef, nous inspire une croyance absolue. Au lieu d'évacuation de Paris le lendemain et de retraite derrière la Loire, il ne demande que retraite derrière la Marne et la Seine sans occuper Paris, et autorise à constituer sur-le-champ l'armistice. Donc, le 29, à une heure du matin, il n'avait pas reçu des commissaires, les propositions bien autrement humiliantes pour nous qu'ils étaient chargés de lui faire. — Cette différence entre les deux versions de la réponse du parlementaire, ne grève pas moins le pouvoir exécutif dans un cas que dans l'autre.

Toujours est-il, que le général Excelmans a assumé une faute capitale en fait, mais inspirée par un mobile noble et patriotique, lorsqu'il a intercepté et retenu une mission adressée à son chef; mission qui, le 29, vers midi, eût constitué un armistice, avec exécution immédiate, dans des conditions moins fatales que celles qui ont été imposées ultérieurement.

Nous nous croyons généreux en rendant pleine justice au mobile du général Excelmans, bien que nous trouvions qu'il ne l'ait pas lui-même été suffisamment, lorsqu'en juin 1840 il a protégé la retraite d'un calomniateur, en lui adressant une réponse, qu'il devait donner plus explicite et avec son appui, à la mémoire de son frère d'armes et commensal de Naples, — Nous serions néanmoins désolé d'arracher une feuille, à la masse de lauriers qui couvre la tombe du général Excelmans.

.réchal Davoust, ministre de la guerre.

La pièce suivante lue avant ou après les ratures, porte deux textes :

Premier texte raturé.

« D'après les ordres de la Commission de gouvernement, M. le « maréchal Grouchy se rendra de suite auprès de M. le maréchal « Blucher, commandant en chef l'armée prussienne, pour conférer « avec lui, et savoir quelles sont les conditions au moyen desquelles « on pourrait conclure un armistice.

« Au quartier-général de La Villette, le 29 juin 1815.

« Le Maréchal ministre de la guerre »

Cet ordre nous paraît n'avoir point eu de suite.

Texte sorti des ratures et expédié.

Ministre de la guerre.

« La Commission de Gouvernement informée que les Commissaires « nommés par elle, ont reçu des passeports pour se rendre auprès « des gouvernements alliés pour traiter de la paix, mais voyant cependant, que malgré cette disposition préliminaire les hostilités « continuent, m'a chargé de vous donner l'ordre de vous rendre auprès de leurs EE. lord Wellington, et le maréchal prince Blucher

« commandant les armées anglaise et prussienne, à l'effet de traiter « avec eux des conditions d'un armistice, et de faire cesser ainsi une « effusion de sang que les négociations de paix rendent maintenant « inutile. J'ai fait choix de vous, monsieur le Maréchal, et de M. le « lieutenant-général comte de Valmy pour cette mission importante.

« Je vous invite en conséquence à partir sur le champ pour en « remplir l'objet.

« Au quartier-général à La Villette, le 29 juin 1815.

« Le Maréchal ministre de la guerre.

« Maréchal Grouchy.

« Lieutenant-général comte de Valmy. »

L'expédition adressée au comte de Valmy porte le *post-scriptum* suivant qui est également écrit sur la minute.

« Vous aurez pour adjoint dans cette mission, M. le maréchal de « camp Tourton, chef d'état-major de la garde nationale de Paris. « Vous serez accompagné aussi par M. l'adjudant commandant comte « de Laborde, que pour plus de célérité, vous m'expédierez, pour « m'instruire des résultats de votre mission. »

Ministre de la guerre au duc d'Otrante.

« Au Quartier-général à La Villette, le 29 juin 1815.

« Monsieur le duc,

« J'ai l'honneur de vous adresser copie de l'ordre que je donne à *M.* « *le maréchal comte Grouchy*, *et à* M. le lieutenant-général comte de « Valmy, de se rendre auprès des généraux en chef lord Wellington « et le maréchal Blucher, à l'effet de traiter avec eux des conditions « d'un armistice motivé sur les négociations de paix.

« J'ai adjoint au comte de Valmy le maréchal de camp Tourton, « chef d'état-major de la garde nationale de Paris. Il sera accom- « pagné aussi par l'adjudant commandant comte de Laborde, qu'il « m'expédiera rapidement pour m'instruire des résultats de sa mission.

« Le Maréchal ministre de la guerre

« A Son Excellence Monsieur le duc d'Otrante, président de « la Commission de gouvernement.

Les mots en italique sont raturés dans la minute.

---

r prussien
Royer,
ministre de
guerre.

« Paris, le 30 juin 1815.

« Monsieur le maréchal,

« Envoyé hier par mon général le comte Bulow comme parlementaire à Saint-Denis, mon trompette et moi avons été arrestés tous deux comme prisonniers de guerre...... M. le général commandant à Saint-Denis, a cru pouvoir nous considérer comme tels, parce que le général Bulow m'avait simplement chargé de propositions verbales. Je ne réclamerai sûrement point en vain, la justice de Votre Excellence et les droits de la guerre.

« Je suis avec respect

« Le major ROYER, de l'état-major du général Bulow,
« commandant le 4e corps prussien. »

—

REFLEXIONS.

Cette pièce démontre que ce n'était pas seulement le 29 et sous Meaux, mais encore le 30 sous Paris et en face de l'ennemi, que l'armée décidée au combat, interceptait toute négociation tendant à entraver sa résistance.

ıc d'Otrante,
ı ministre de
la guerre.

« Le 30 juin 1815.

« Monsieur le Maréchal,

« La Commission de gouvernement désire que vous lui donniez communication, de l'interrogatoire que le général Le Sénécal a du subir sur les circonstances de son arrestation. S'il n'avait pas encore été interrogé, la commission désirerait que vous le fissiez interroger sans délai. La commission de Gouvernement désire également, que vous chargiez un général, de recevoir la déclaration de l'aide-de-camp du maréchal Blucher sur l'objet de sa mission, et que vous nous envoyiez cette déclaration.

« Signé le duc d'Otrante.

« Extrait du registre de correspondance de la commission de Gouvernement, n° 708. »

—

REFLEXIONS.

Cette lettre que nous avons tenue et lue, ne fait point partie d'un registre, elle est écrite sur une feuille volante, et véritable pièce à tiroir, pouvant facultativement être produite ou supprimée.

Nous sommes sur les traces de cette odieuse simulation, nous en connaissons les conséquences, mais non pas encore le point de départ et les accessoires. Elle a dormi pendant cinquante ans, au profit du sommeil des personnages intéressés à son oblitération.

Aux pièces inédites qui viennent d'être produites, on peut ajouter comme complément diverses autres pièces imprimées, savoir :

1° Ordre du duc d'Otrante pour la mission militaire, le 28 juin 1815, deux heures du matin.

2° Ordre du ministre de la guerre à M. Laloi, le 28 juin 1815, trois heures du matin.

3° Lettre du maréchal Grouchy au général Drouot, dates prétendues 4 février 1822, 1830, 1840.

4° Lettre du même au même, 10 avril 1840 ailleurs 1830.

5° Réponse du général Drouot, 12 avril 1840.

6° Lettre du général Berthezène à Charles Le Sénécal, date fallacieusement erronée 13 juin 1840.

7° Lettre du général Excelmans au général Berthezène, date prétendue 13 juin 1840.

8° Lettre prétendue écrite par le maréchal Grouchy au ministre de la guerre le 29 juin 1815, au sujet de l'arrestation. Si cette lettre n'a été écrite et n'a eu d'objet qu'en 1840, elle est au moins devenue alors une déclaration très-précise sous d'autres rapports.

Au moyen de toutes ces pièces énoncées, il reste démontré au-delà de l'évidence : que le 28 juin et parallèlement à la mission civile, une mission militaire a été clandestinement ordonnée. — Que, d'après les ordres du maréchal Grouchy, elle a été remplie activement et loyalement par le général Le Sénécal son chef d'état-major. — Que le retour de cette mission a proclamé sous Meaux, le 29 au matin, au milieu de l'armée, l'ultimatum des résolutions de l'ennemi. — Que par un fait coupable dans ses formes, l'énergique résolution de l'armée s'est démontrée au plus haut degré en faveur de la résistance. — Qu'en outre de leur publicité immédiate, tous ces faits ont été officiellement notifiés dès le 29 au soir, au maréchal Davoust et au duc d'Otrante, seuls agents effectifs de la Commission de gouvernement; et qu'alors il a été à leur entière discrétion de statuer, sur la ruine de l'ennemi, où celle de la cause qui leur était confiée.

Ces documents vont être mis en rapport dans l'ordre des faits, avec la situation politique et militaire des mêmes journées.

Chapitré II.

Ecrivant non pas l'histoire, mais un *appel à l'histoire*, nous n'avons pas à répéter ce qu'elle a dit, mais simplement à indiquer le sommaire des principaux faits, qui par leur tendance plus ou moins directe, ont eu la capitulation de Paris pour conséquence fatale.

Parmi les faits de simple tendance, on prend acte de la conspiration Orléaniste, qui sous la direction du duc d'Otrante éclata le 6 mars, et fut immédiatement suivie d'une autre dans le même but, activement entretenue à Bâle en mai et juin, alors que M. Fouché était ministre de l'Empereur, qui fut très près de lui faire payer de sa tête cette trahison. Dans cette dernière, on remarque que son agent affidé de Paris à Bâle, était M. de Saint-Léon, dont le nom, sinon la personne, se retrouve étrangement en 1840, comme posant l'éteignoir de la conciliation sur les accusations du 28 juin 1815, et fournissant ainsi les moyens de déserter un débat qui menaçait de devenir trop historique.

Parmi les faits généraux propres au pouvoir exécutif, les pfus fatalement efficiens ont été : la présidence du duc d'Otrante, et l'absorbtion par lui de toute la puissance effective de la Commission de gouvernement, et même de l'autorité du maréchal Davoust. — La mise en liberté de M. de Vitrolles, et son institution comme représentant de Louis XVIII. — Les mesures dolosives à l'égard des pouvoirs constitués, comme à l'égard du public et de l'armée ; mesures caractérisées par l'envoi successif et les instructions dérisoires, des deux commissions dites de la paix et d'armistice. — Enfin le serpentage très-suspect de l'agence Tromelin-Macirone.

Après avoir appelé l'attention sur ces préalables, nous reprenons la suite de l'histoire, en y introduisant à leur date précise entre les faits qu'elle a décrits, les faits ignorés qui démontrent l'influence péremptoire, des lumières acquises au moyen de la mission militaire.

26 JUIN.

Le 26 juin Louis XVIII entrait à Cambrai, et sa proclamation publiée la veille à Câteau-Cambresis, étant bien connue du pouvoir exécutif, la situation politique lui était définie dans toute sa gravité.

Une dépêche de la commission de la paix, annonçait que toute négociation était subordonnée à la remise préalable des places fortes.

Dans la nuit du 26 au 27, le maréchal Davoust écrivait au duc d'Otrante : « *qu'il ne croit pas possible de* « *résister à l'ennemi, que le seul moyen d'éviter des mal-* « *heurs irréparables, de prévenir la ruine de la France,* « *était de rappeler les Bourbons et d'envoyer vers le roi.* »

27 JUIN.

Le 27, la lettre du maréchal Davoust était lue à titre de proposition par le duc d'Otrante, à un grand conseil de gouvernement convoqué *ad hoc.* Sur la provocation de la commission de la paix, une commission spéciale d'armistice était instituée, recevait et acceptait des instructions irréalisables.

Le même jour le maréchal Grouchy recevait à Soissons, le général Tromelin à lui envoyé par MM. Fouché et de Vitrolles, il répondait aux ouvertures royalistes : « *qu'il était personnellement disposé à se soumettre au* « *roi, mais dépourvu de l'autorité morale nécessaire* « *pour faire quitter à l'armée les couleurs nationales.* »

28 JUIN.

Le 28, le roi publiait la proclamation de Cambrai.

Le duc de Wellington arrivait à Estrées, 18 lieues de Paris.

Le maréchal Blucher arrivait devant St-Denis.

Le duc de Wellington écrivait à son gouvernement : « *J'espère être à Paris le 1er juillet.* »

La commission d'armistice instituée la veille au soir, n'avait point encore quitté Paris le 28, à *deux* heures du matin, lorsque le duc d'Otrante écrivait aux commissaires « *qu'il fallait se presser de conclure un armistice, qu'il valait mieux sacrifier quelques places fortes que de sacrifier Paris.* — En supposant leur départ effectué, la route pour les rejoindre eût été celle de Senlis, ligne de marche directe des généraux alliés. Cependant la lettre est envoyée au maréchal Davoust, qui à *trois* heures donne l'ordre suivant : « *M. Laloy se rendra au quartier-général de M. le maréchal Grouchy, pour lui remettre la lettre ci-jointe de M. le président de la commission de gouvernement, qui doit être remise sur le champ à MM. les plénipotentiaires. Il s'informera de la route qu'ils auront prise, et s'ils ne s'étaient pas dirigés sur le quartier-général de M. le maréchal Grouchy, il suivra la même route qu'eux pour tâcher de les rejoindre, et leur remettre la dépêche dont il est porteur...* » Le détour par la route de Soissons que suivait nécessairement le Maréchal, doublait la distance, et ne peut s'expliquer que par la nécessité de son intervention, bien que la dépêche n'en parle pas.

En effet le maréchal Grouchy ayant été rejoint par M. Laloy au-dessous de Villers-Coterets, le réexpédie vers Senlis où devaient se trouver les commissaires, puis il trouve bon de se mettre en rapports directs avec le maréchal Blucher ; prie le général Drouot d'écrire une lettre qu'il signe, et charge le général Le Sénécal de porter à destination. Ce général arrive vers Senlis dans la journée, remet la lettre, et n'ayant aucune mission verbale pas même près des commissaires, arrivés à Senlis à midi, s'abstient de toute diplomatie. Des royalistes lui affirmant que le maréchal Grouchy et son corps d'armée sont acquis à la cause royale, il leur fait, dans sa virginité politique une réponse aussi tranchante, que celle qui fut faite douze heures après par le général Excelmans, à l'aide-de-camp du maréchal Blucher.

Ce même jour, à la même heure où M. Laloy arrivait près du Maréchal, une surprise par l'ennemi produisait une violente agitation dans l'armée, et surtout dans la colonne du général Vandamme; l'aide-de-camp du maréchal Blucher rend compte dans son rapport, de la très-fâcheuse position où elle se trouvait alors; — vingt-cinq ans encore après, le très-suspect M. Berthezène rendait compte, des noires imputations dont lui-même et ses coteries avaient été alors et depuis les fauteurs à ce sujet; et le témoignage d'un homonyme de l'agent de M. Fouché à Bâle, en mai et juin 1815, venait comme *deus ex machinâ*, faire tomber ce triple voile.... que nos efforts tendent à soulever vingt-cinq ans encore plus tard, sous les yeux des souverains de l'histoire.

Ce même jour 28, les Prussiens étant déjà à St-Denis, M. Fouché entreprenait d'associer le maréchal Grouchy à M. de Vitrolles, pour une mission personnelle près des généraux alliés; et le soir le maréchal Davoust disait au général Becker : « *Le personnage que vous venez de voir me quittant, est le baron de Vitrolles agent du roi, qui est venu de la part de Sa Majesté, me soumettre des propositions que j'ai trouvées acceptables pour le pays, et si les miennes sont agrées, je monterai demain à la tribune de la chambre des représentants pour exposer le tableau de notre situation, et pour faire sentir la nécessité d'adopter les mesures que je crois utiles à la cause nationale*

29 JUIN.

Le 29, à une heure du matin, le major de Brunneck aide-de-camp du maréchal Blucher, reçoit l'ordre d'ac-

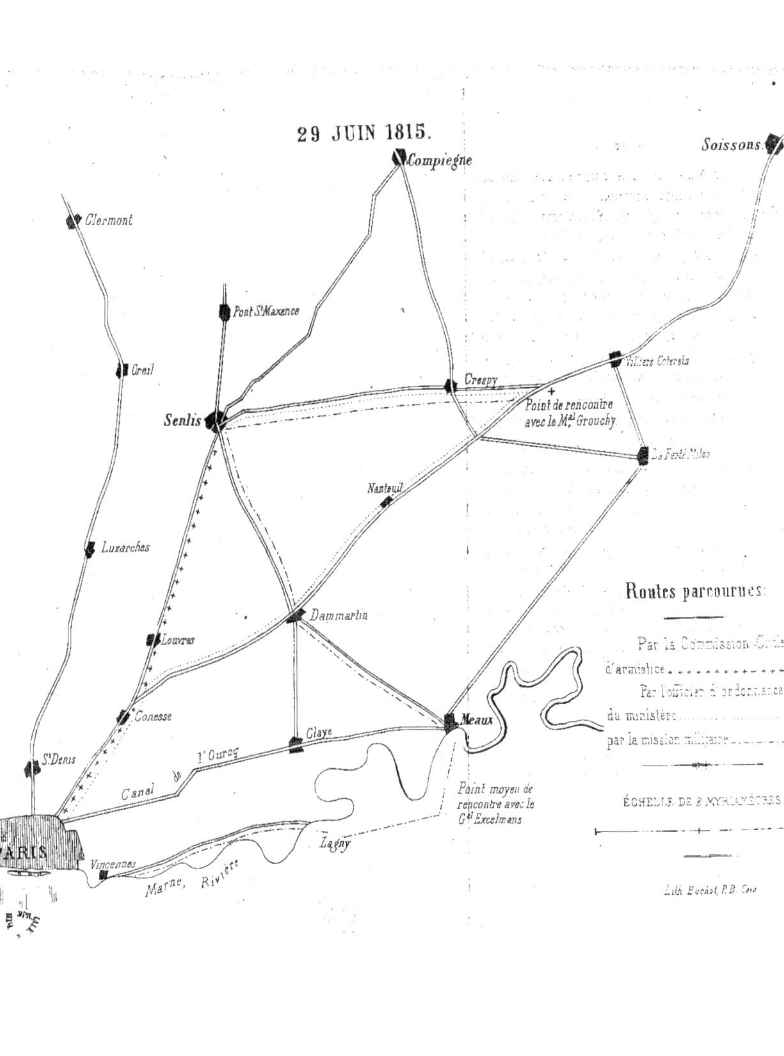

29 JUIN 1815.
Compiegne
Soissons
Clermont
Pont S.t Maxence
Creil
Senlis
Crespy
Point de rencontre
avec le M.al Grouchy
Villers Coterets
La Ferté Milon
Nanteuil
Luzarches
Dammartin
Louvres
Conesse
Claye
Meaux
S.t Denis
Canal de l'Ourcq
Point moyen de
rencontre avec le
G.al Excelmans
PARIS
Vincennes
Lagny
Marne, Rivière
Routes parcourues:
Par la Commission
d'armistice
Par l'officier d'ordonnance
du ministère
par la mission
ÉCHELLE DE 2 MYRIAMÈTRES

compagner le général Le Sénécal près du maréchal Grouchy et du Gouvernement. Ils partent immédiatement ensemble.

Le maréchal Davoust donne l'ordre au maréchal Grouchy et au comte de Valmy de se rendre en personne, le premier près du maréchal Blucher, et le second près du duc de Wellington pour demander un armistice.

Le 29 au matin M. de Vitrolles est conduit, au nom du duc d'Otrante, au maréchal Davoust à son quartier-général à La Villette ; et chargé par lui de rédiger la lettre par laquelle il doit être mis en rapport avec le maréchal Grouchy, alors présent au quartier-général, mais étranger à la conférence qui a lieu dans une chambre de l'étage supérieur. Survient une députation des deux chambres apportant une adresse de félicitations à l'armée; pour première réponse le maréchal Davoust lui dit : « *Voici M. de Vitrolles qui m'est envoyé par le duc d'Otrante, pour faciliter un traité avec les alliés et les Bourbons.* » Une scène violente éclate, nombre de généraux arrivent au bruit et y prennent part ; le maréchal Grouchy quitte La Villette et se rend à son armée.

Le 28, veille de cette scène de La Villette, et lendemain de la visite de M. de Tromelin à Soissons, le Maréchal avait son quartier-général à neuf lieues de Paris, à Claye, d'où il présidait à l'écoulement de ses corps d'armée vers Meaux : Vandamme en tête, 3ᵉ division de cavalerie; corps de Pajol et Excelmans, à la suite. Le 29, à cinq heures du soir, le Maréchal était encore à Claye, d'où il écrivait au ministre de la guerre qu'il ne partirait qu'à minuit ; sa rentrée de sa personne à Paris, a donc été anticipée au-delà de ses prévisions. Du reste, sa lettre présente le tableau le plus désespérant *de la démoralisation des troupes, qui ne veulent plus se battre, se débandent au premier coup de fusil, et sur lesquelles on ne peut plus compter pour la défense de Paris.*

A l'heure où la scène de La Villette avait lieu dans la matinée du 29 juin, le général Le Sénécal et le parlementaire prussien entraient dans les lignes de l'armée française sous Meaux. Une scène très-violente avait lieu de la part des soldats, et même d'officiers de grade élevé, scène peut-être exagérée sous le rapport du danger des parlementaires, mais nullement sous celui des clameurs effrénées de trahison. — L'intervention du général Excelmans calmait la sédition, mais par des explications hautaines entre lui et l'aide-de-camp du maréchal Blucher, rendait notoire et publique la détermination irrévocable des deux armées : l'une de n'accorder d'armistice qu'avec des conditions sévères ; l'autre de résister jusqu'à la mort. Le bruit de cette sédition parvint nécessairement bientôt au maréchal Grouchy, dont le quartier-général était à Claye éloigné de trois lieues au plus. On ne comprend même pas, que les parlementaires n'aient pas été dirigés vers le général en chef qui était leur but, et aient dû suivre jusqu'à Vincennes la marche lente de la colonne. Cette sédition se propagea rapidement dans l'armée, et une lettre du 29, huit heures du soir, porte à cet égard le témoignage sacré pour tous du général Pajol, homme d'honneur et de jugement, non moins qu'homme de gloire. — Il est incontestable d'après la parfaite coïncidence des faits et des heures, que cette sédition militaire fut l'une des causes, de la remise du commandement par le maréchal Grouchy dans la nuit du 29 au 30, moment où l'agitation n'était pas moins violente au quartier-général de La Villette, qu'elle ne l'avait été sous Meaux. — Il est non moins incontestable, qu'alors le maréchal Davoust parfaitement informé sur la situation politique et militaire, assuma une responsabilité illimitée, par le fait d'être investi *ou grevé* d'une autorité dictatoriale, au double titre de ministre de la guerre et de généralissime; sauf toutefois son inexplicable position à l'égard du duc d'Otrante.

Pendant la marche du général Excelmans sur Vincennes avec les parlementaires, un autre fait principal et simultané avait lieu. Dès le 28 il n'était pas de stratégiste qui n'eût reconnu, que l'armée prussienne séparée par deux marches de l'armée anglaise pouvait être anéantie. Le général Excelmans avait envoyé la veille le colonel Sencier son aide-de-camp, offrir à l'Empereur de l'enlever à la Malmaison, et le replacer à la tête de l'armée. L'Empereur par respect pour sa parole avait refusé; mais le 29 entraîné par l'aggravation des faits militaires, il avait envoyé le général Becker les signaler au gouvernement, et proposer que le commandement de l'armée lui fut confié comme simple général, pour l'espace de temps strictement nécessaire à la destruction de l'ennemi; promettant de se retirer ensuite immédiatement aux Etats-Unis. Cette proposition avait été repoussée par MM. Fouché et Davoust, avec une dureté de formes qu'aucuns précédents ne peuvent excuser; et l'intimation de quitter à l'instant la Malmaison et s'arouter vers l'exil, avait été renouvelée. — Dans ce moment encore le général Excelmans, qui pendant sa marche avait de nouveau exprimé le projet d'aller enlever l'Empereur, et organisé à cet effet un escadron d'officiers, arrivait à Vincennes, et ne s'arrêtait que sur l'affirmation du général Daumesnil, déclarant que l'Empereur était parti; or, ce général était lui-même trompé, car il était temps encore d'effectuer efficacement ce noble projet, qui alloue au général Excelmans, main-levée de tout ce qui pourrait paraître fâcheux dans les mesures préparatoires.

En outre de l'intimation de MM. Fouché et Davoust, le départ de l'Empereur résulta d'une cause matériellement péremptoire. Le maréchal Blucher bien informé, avait détaché une assez forte colonne sous les ordres du major Columb, pour aller enlever l'Empereur, et elle n'était qu'à cinq quarts de lieue de lui au moment de son départ. Or, une mesure aussi prodigieusement téméraire, peut-elle être réputée avoir spontanément pris naissance dans l'esprit du maréchal Blucher, et n'est-il pas évident, qu'elle était concertée entre les ennemis à l'intérieur et à l'extérieur de Paris?

30 JUIN.

Dans la nuit du 29 au 30, le maréchal Davoust était comme nous venons de l'exposer, parfaitement éclairé sur le vrai de la situation, et en possession de l'autorité suprême; lorsque l'armée achevant sa concentration sur Paris, y ramenait la sédition de gloire propagée depuis Meaux, et entourait d'une immense agitation le quartier-général de La Villette. Nombre de généraux y passèrent la nuit sur pied; leur première résolution fut d'aller avec deux bataillons cerner les Tuileries, prendre M. Fouché et le fusiller dans la cour; ils s'arrêtèrent à celle d'une protestation énergique, *de défendre jusqu'au dernier soupir l'indépendance et l'honneur national.* Elle fut rédigée par le général Freyssinet, et le premier de tous les signataires fut le maréchal Davoust, qui promit de la remettre aux chambres, ce qu'il eut soin de ne pas faire.

La scène de la veille à La Villette ayant révélé aux membres du Gouvernement, la présence et la mise en action de M. de Vitrolles; la probité du général Grenier et de Carnot s'était révoltée; la réarrestation du directeur de M. Fouché avait été officiellement ordonnée par la majorité, mais inexécutée par l'autorité effective. — Dans le même moment le duc d'Otrante écrivait au maréchal Davoust, pour lui demander *l'interrogatoire que le général Le Sénécal avait dû subir, sur les circonstances de son arrestation, et lui prescrire de faire interroger le parlementaire prussien.* Jamais le Général n'a su qu'il eût été question de l'arrêter; jamais il n'a été interrogé, ni même fait d'autre rapport que le narré verbal des faits au maréchal Grouchy. Mais il en est autrement du parlementaire prussien, qui dans un rapport déjà cité, décrit dans tous leurs détails les faits de la mission militaire, et complète ainsi le faisceau des preuves, qui démontrent, que de Meaux à Paris, cette mission a longuement fait retentir dans tous les rangs de l'armée, le glas de la capitulation.

Le maréchal Blucher ayant refusé de recevoir la commission d'armistice, mais lui ayant permis de traverser son armée, pour se rendre près du duc de Wellington; elle fut reçue le 29 juin par ce dernier à Estrées, dix-huit lieues de Paris; au moment où le général prussien séparé de son allié par un écart de plus de quinze lieues, occupait déjà Aubervilliers. Le général anglais refusa tout armistice, tant que Paris ne serait pas évacué, Napoléon livré, et l'armée en retraite vers la Loire; il repoussa toute insinuation Orléaniste, et indiqua la nécessité de la soumission à Louis XVIII; il ajourna les commissaires au lendemain à Louvres, six lieues de Paris, et ne les y reçut que le 1er juillet.

Ce même jour, 30, au matin, l'armée française concentrée sous Paris, était en mesure de le traverser sur tous les points, par tous les passages restés en son pouvoir. Deux des corps de l'armée prussienne massés au Bourget et à Blancmesnil, à deux lieues de Paris, sur les bords extérieurs du canal de l'Ourcq, étaient séparés du troisième corps resté à Dammartin, à neuf lieues de Paris. — L'armée française avait sur les bords intérieurs du canal 25,000 hommes, 13,000 de la garde au bois de Boulogne, 25,000 à Montrouge sous Vandamme; le surplus occupait diverses positions non moins favorables. — Est-il évident que par le premier effort de cette masse de 63,000 hommes, les 40,000 du maréchal Blucher eussent été écrasés, et que la position des 15 à 17,000 restés en arrière sous le général Thielman, eût été des plus critiques? — Au milieu de tels faits existants sous leurs yeux et à leur plus facile appréciation, est-il possible de méconnaître la source, de la violente indignation des généraux réunis à La Villette le 30 au matin, et de l'exaspération de l'armée?

Dans la journée le maréchal Blucher ayant reconnu, que Paris était inattaquable sur la rive droite, mais sans défense sur la rive gauche; enhardi d'ailleurs par l'immobilité de notre armée, porta son quartier-général à Argenteuil, et son armée toujours disjointe à même distance, dans la direction de Saint-Germain. Son flanc restait, il est vrai, non moins dangereusement à découvert, mais toutes les sécurités lui étaient acquises; en effet, en comparant sa circonspection à Waterloo avec ses témérités effrénées sous Paris, aucun doute ne reste possible.

L'armée placardant cette position de désastre pour les Prussiens, sous les yeux du maréchal Davoust devenu généralissime, réclamait le combat par les plus violentes adjurations, lorsqu'il signa le premier de tous la protestation de La Villette; lorsqu'il promit de livrer bataille le lendemain; lorsqu'il donna au général Excelmans l'ordre d'ouvrir l'attaque, et au général Vandamme l'ordre d'y donner suite.

1er JUILLET.

L'histoire semble avoir admis que la commission d'armistice était rentrée à Paris le 1er juillet, immédiatement au sortir d'une dernière audience du duc de Wellington, et que son rapport a été l'élément principal, des résolutions adoptées le soir même par un grand conseil de Gouvernement. Nous pourrions démontrer par pièces de la plus haute authenticité, que le 2 juillet encore, à dix heures et demie du soir, elle écrivait du quartier-général anglais au Pouvoir exécutif; que presque incontestablement, elle n'est rentrée à Paris qu'après la capitulation; et que dans tous les cas, le caractère essentiellement dérisoire de ses instructions, est encore dépassé par la futuité de ses démarches et de sa correspondance. Cette *lanterne sourde* n'a donc rien innové ni rien ajouté, aux lumières acquises au maréchal Davoust et au duc d'Otrante dès le 29, par le retour de la mission militaire.

Le duc d'Otrante avait convoqué pour dix heures du matin la commission de gouvernement, et invité à s'y rendre le maréchal Davoust qui fit défaut. Convoqué de nouveau à un grand conseil composé des membres du pouvoir exécutif, des ministres, des bureaux des deux chambres, et de plusieurs maréchaux et généraux, le maréchal Davoust s'y rendit. Le duc d'Otrante déclara être sans nouvelles, de la commission de la paix et de la commission d'armistice, mais avoir la prescience de l'inutilité de leurs démarches; il ne dit pas un mot de la mission militaire, ni par conséquent de la mesure d'étouffement qui venait d'être prise à cet égard. Il conclut à ce qu'aucun doute ne pouvait être conservé, sur la nécessité de rappeler Louis XVIII et se soumettre à discrétion. — Nombre d'assistants protestèrent énergiquement contre cette proposition, et le maréchal Davoust

POSITIONS DES ARMÉES FRANÇAISE & PRUSSIENNE SOUS PARIS,

le 1er Juillet 1815, à midi.

CHAQUE – REPRÉSENTE MILLE.

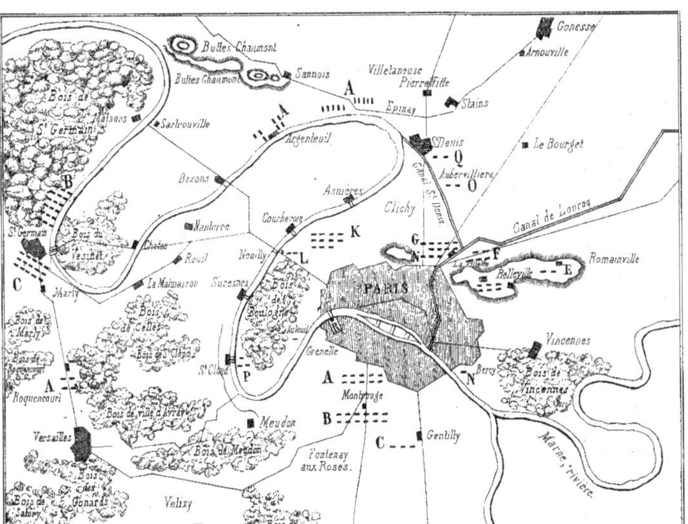

POSITIONS DE L'ARMÉE PRUSSIENNE

A	Bulow, *plaine St Denis*	8,000	
A	*le meme à Argenteuil*	7,000	
A	Major Columb, *Roquencourt*	2,000	
B	Ziethen, *St Germain*	20,000	57,000
C	Thielman, *St Germain*	18,000	
D	Colonel de Sorh, *Roquencourt*	2,000	

POSITIONS DE L'ARMÉE FRANÇAISE.

A	Gal Vichery, *à Vaugirard*	12,454	
B	Gal Vandamme, *à Montrouge*	9,566	24,620
C	Gal Excelmans, *à Gentilly*	2,600	
D	Gal d'Erlon, *à Belleville*	5,506	
E	Gal Beaumont, *à Romainville*	1,683	
F	Gal Pajol, *à la Villette*	1,991	
G	Gal Reille, *à la Chapelle*	8,818	
H	le même, *ibidem*	2,790	
I	Gal Ambert, *à la Villette*	3,293	
K	Gal Drouot, *la Garde à Villiers*	11,022	46,181
L	Gal Kellermann, *à Neuilly*	1,752	
M	Gal Milhaud, *à Auteuil*	1,127	
N	Gal Tilly, *à Bercy*	550	
O	Gal Meunier, *à Aubervilliers*	1,939	
P	Gal Pully, *à St Cloud*	2,365	
Q	Gal Alix, *à St Denis*	2,333	
R	*dans les Casernes à Paris*	1,012	70,801

objecta: *que d'après l'ordre donné, le général Excelmans était déjà sans nul doute engagé sous Versailles, et le général Vandamme à sa suite. « Bah, exclama M. Fouché, la cavalerie se tire toujours d'affaire, il faut révoquer l'ordre donné au général Vandamme.* » La docilité inexplicable du prince d'Ecmulh, fléchit sous cet ordre, comme sous la lettre personnellement outrageuse qu'il recevait le même jour du maréchal Blucher. — Le seul résultat de ce suprême grand conseil, fut la mesure vaine et dolosive jusqu'à la dérision, de l'institution d'une commission militaire, chargée d'aller apprécier les moyens de *défense* de Paris....... et cela dans le moment même, où les moyens immenses de donner suite à une *attaque* commencée; de remporter une victoire certaine sous Paris, étaient saillants pour tous les yeux et proclamés par toutes les bouches !

Pendant ce moment le général Excelmans avec 2,000 chevaux et un faible renfort d'infanterie, écrasait les avant-gardes prussiennes sous Veliry et Roquancourt; et si l'ordre donné au général Vandamme n'eût pas été révoqué; si la promesse de livrer bataille, faite la veille par le maréchal Davoust, n'eut pas été faussée; *si fata deûm, si mens non lœva fuisset*, une immense revanche de Waterloo eut eu lieu sous Paris le 1er juillet ! ! — Aucun doute ne restera possible à cet égard, après un simple coup-d'œil, sur une carte présentant le tableau des forces respectives des armées, et le panorama des positions militaires.

L'armée anglaise comptait à peine 44,000 hommes; les deux tiers traînant les équipages de pont et tout le matériel de génie et d'artillerie, suivaient une marche alourdie, et allongée de Pont St-Maxence à Louvres, ville située à six lieues de Paris; 15,000 hommes environ dépassaient cette ville et approchaient de nos lignes, mais sans matériel, et à l'état d'observation ou d'avant-garde bien plutôt que de combat.

L'effectif de l'armée prussienne était de 57,000 hommes; la présence au drapeau était diminuée de 5,000 maraudeurs ou traînards; le matériel de campagne était faible, le gros matériel nul, ainsi que les équipages de pont. Un coup-d'œil sur la carte montrant le maréchal Blucher à St-Germain, et le reste de son armée à Argenteuil sous le général Bulow, suffit à démontrer combien les positions étaient aventurées.

L'armée française revenant de Belgique comptait 71,000 hommes, et recevait l'adjonction d'une division de 5,000 arrivant de Vendée sous le général Brayer. — L'artillerie de campagne était de plus de 150 pièces, Paris et Vincennes y ajoutaient 400 pièces attelées et 600 pièces de position. Ces troupes relevées de leurs fatigues par deux jours de repos au foyer national; relevées de tout découragement, par l'occupation des positions les plus favorables, non moins à l'attaque qu'à la défense; moralement exaltées au plus haut degré, par le patriotisme, les craintes et les haines, formaient une masse expéditionnaire de 76,000 hommes. — La réunion à l'intérieur de Paris, des soldats rentrés isolément, des dépôts et garnisons des places fortes et de la banlieue, des canonniers de marine, des recrues déjà arrivées, des bataillons armés et actifs de la garde nationale et des fédérés, portaient cet ensemble de forces à 111,000 hommes.

La carte sous les yeux, est-il possible de méconnaître quel résultat eût été obtenu, si les 22,000 hommes massés à Vaugirard et à Montrouge, et les 3,000 en position à St-Cloud, eussent fait suite au brillant coup de main, exécuté avec 3,000 par le général Excelmans; et que cette colonne de 28,000 hommes se fut portée en face celle du maréchal Blucher à St-Germain. — Si de la Chapelle les 12,000 hommes du général Reille, faisant suite au 13,000 de la garde, massés à Neuilly sous les généraux Drouot et Kellerman, eussent porté à St-Germain une seconde colonne de 25,000 hommes, et placé les 40,000 du maréchal Blucher, au milieu de 53,000, combattant chez eux *pro aris et focis*. — Si les 23,000 de l'armée expéditionnaire restant sur la rive droite, se fussent portés par St-Denis sur les 17,000 du général Bulow; si l'immense matériel de grosse artillerie desservi par 5,000 canonniers de marine, eût garni les rives du fleuve, dont ses projectiles eussent franchi le cours et même couvert les méandres; si les 35,000 hommes dont Paris était le camp, appuyés sur 600 pièces de position, eussent simplement déployé leur majestueuse contenance, sur l'espace bien restreint des fortifications restant compromises à la rive droite, et fait face à l'impuissante parade, des 15,000 anglais arrivant fatigués et sans artillerie.

Y a-t-il exagération à croire :

Que le maréchal Blucher et ses 40,000 hommes, placés dans une position d'impuissance, n'eussent pas même eu la consolation de mourir avec gloire, et bientôt terrassés par impossibilité de résistance, nous eussent livré 40,000 otages, plus précieux que des cadavres en faveur de la paix.

Que les 17,000 hommes du général Bulow eussent subi un sort tout pareil, probablement le jour même, mais certainement par les suites d'une déroute inévitable.

Que les 15,000 Anglais aventurés près de nos lignes, eussent été plus que contenus par les troupes dont elles étaient garnies.

Que les forces de Paris suffisant à la garde des prisonniers, l'armée expéditionnaire en masse eût écrasé ou au moins refoulé celle du duc de Wellington, hasardée en avant de nos places fortes, et au milieu de populations bientôt soulevées.

Que Louis XVIII suivant avec sa cour à une faible distance, eût vu sa dynastie tomber à jamais sur les rives d'un fleuve de sang, et bien moins encore sous l'effort militaire, que sous la démonstration politique qu'il eût caractérisée.

Que la victoire sous Paris eût été pour nous un fait plus grave et plus décisif, que notre désastre à Waterloo ne le pouvait être pour l'ennemi; parce que tous les éléments de droit et même de pression, eussent alors fait défaut à la coalition, au même jour où tous les prétextes d'alarme étaient effacés; parce que dans l'état des faits, l'indépendance nationale n'était plus discutable, et que, favorisée par les dispositions bien connues des empereurs de Russie et d'Autriche, comme par la pression du Parlement Anglais sur le généralissime, cette indépendance se présentait d'elle-même comme première et facile condition de paix pour l'Europe. — Et l'histoire elle-même ne traduit-elle pas dans toutes ses pages, la pensée de ces mots *indépendance nationale*. Peut-elle être autre, que cet état de choses rendu libre à l'intérieur comme à l'extérieur, au milieu duquel huit millions de suffrages éclairés par les leçons du malheur, eussent pu dès-lors constituer avec la placidité de la force, un gouvernement rendu par eux impérissable? —Et la représentation élective, n'a-t-elle pas aussi peu fait défaut à la patrie que son armée elle-même, lorsque dans l'impuissance matérielle de réaliser immédiatement ses devoirs envers la nation, elle a moralement consacré par son impassible constance, un principe qui a été dès-lors la loi de l'avenir?

2 JUILLET.

Si le 29 juin au soir, le pouvoir exécutif parfaitement éclairé par les résultats directs et indirects de la mission militaire, était en mesure pour justifier le mandat qu'il tenait de la patrie; si par ses ordres l'armée pouvait, le 30, infliger déroute ou même désastre, aux trois corps de l'armée prussienne disjoints entr'eux, et séparés par deux marches des Anglais; si le 1er juillet un résultat beaucoup plus considérable encore pouvait être obtenu. et élever magiquement au nom du droit des peuples un nouvel édifice social, sur les ruines fumantes encore de l'édifice renversé; la position se présente sous un tout autre aspect le 2 juillet.

C'est à ce jour, sinon même au lendemain, que l'histoire place ses principaux regrets de ce qu'une bataille n'ait point été livrée; et nous osons exprimer la conviction profonde : que dans l'état des faits, la bataille ne devait et ne pouvait avoir lieu, ni par l'une ni par l'autre des volontés respectives.

Les positions et l'ardeur de notre armée étaient, il est vrai, les mêmes que la veille; les positions de l'armée prussienne étaient non moins aventurées; la présence de l'armée anglaise en face de Paris, était loin de la relever complétement de ses deux jours de retard; et la masse ennemie tout aussi loin, d'avoir acquis les facultés nécessaires pour l'attaque immédiate de Paris; ni même pour sa propre sécurité, dans le cas d'une entreprise contre elle-même sous Paris. Le meilleur de tous les témoignages à cet égard, est la lettre suivante adressée par le duc de Wellington au maréchal Blucher.

Gonesse, 2 juillet 1815.

Avec les forces que vous et moi avons sous nos ordres à présent, attaquer Paris serait risquer beaucoup. Je suis convaincu qu'il serait impossible de le faire de ce côté (au nord) avec quelque espoir de succès; il faudrait donc que l'armée que je commande traversât deux fois la Seine, et gagnât le bois de Boulogne avant de pouvoir faire l'attaque, et même alors si nous réussissions, nos pertes seraient très-sérieuses.

Il faut nous exposer à des pertes sérieuses quand cela est nécessaire, mais ici ce n'est pas nécessaire. En attendant quelques jours nous aurons l'armée du maréchal prince de Wrede, et avec elle les souverains alliés qui décideront le parti à prendre; ou si nous le préférons nous pouvons arranger toutes nos affaires, en consentant à l'armistice proposé.

Les conditions que je crois pouvoir être mises à cet armistice, et sous lesquelles je consentirais seulement à le conclure, sont celles-ci : 1° que nous resterons dans les positions que nous occupons maintenant ; 2° que l'armée française se retirera de Paris et ira derrière la Loire ; 3° que la garde de Paris sera remise à la garde nationale, jusqu'à ce que le roi Louis XVIII en ordonne autrement ; 4° qu'un temps sera fixé pour la rupture de l'armistice.

Il est vrai que nous n'aurons pas la vaine gloire d'entrer dans Paris à la tête de nos armées victorieuses, mais ainsi que je l'ai déjà expliqué à votre Altesse, je doute que nous ayons actuellement les moyens de réussir dans une attaque contre Paris, et s'il nous faut attendre les troupes du maréchal prince de Vrede pour opérer cette attaque, je crois que nous trouverons les souverains disposés, comme l'année dernière, à épargner la capitale de leur allié, et à ne pas entrer du tout dans Paris, ou à y entrer en vertu d'un armistice semblable à celui que nous pouvons signer dès aujourd'hui.

Je prie instamment votre Altesse de peser les raisons que je lui soumets, et de me faire savoir sa décision.

WELLINGTON.

Cette lettre, œuvre de la plus haute sagesse, a été le programme de la situation, et devient celui de toute discussion.

La supériorité de notre position militaire étant reconnue le 2 juillet, il en résulte qu'elle avait été plus considérable les deux jours précédents ; il devient dès lors inutile de discuter les éléments de la victoire très probable qu'eût obtenue notre armée, si elle fut sortie de ses lignes le 2 juillet, et que la bataille eût été acceptée. Ce sont donc les autres faces de la question qui doivent être traitées pour la résoudre.

Si la fougue du maréchal Blucher autorise à supposer qu'il eût accepté la bataille, en est-il de même du duc de Wellington, dont la circonspection se démontre avec tant d'évidence? — Etait-il facultatif de contraindre à un combat immédiat et décisif, deux armées déjà en possession de tout le cours inférieur de la Seine à partir d'Argenteuil; en possession des hauteurs depuis Montmartre jusqu'à Meudon; en possession de la faculté acquise de prendre l'attitude défensive; d'entretenir une simple guerre de chicane, et d'user ainsi les quelques jours qui séparaient d'elles les masses de la coalition?

Si pour réussir à combattre, notre armée eut eu à s'éloigner de quelques lieues de Paris; l'élargissement de son cercle d'opérations, l'éloignement du centre qui était sa principale force, n'eussent-ils point été un affaiblissement et une source de dangers collatéraux? Paris pouvait-il rester avec sécurité, exposé aux insultes éventuelles de l'ennemi extérieur, en même temps qu'aux agitations déjà si manifestes de l'ennemi intérieur?

Si, ce qui est aujourd'hui peu admissible, l'ennemi prenant l'initiative, eût attaqué notre armée dans ses positions sous Paris, l'occasion de gloire eut été plus grande sans nul doute, mais les mêmes dangers politiques subsistaient avec aggravation. — En effet, ce jour-même Louis XVIII s'installait avec sa cour au château d'Arnouville à quatre lieues de Paris; depuis la frontière du nord, il exerçait dans toute sa plénitude l'autorité royale reconquise; identifié avec la coalition, ses proclamations et les actes des généraux alliés excluaient toute méconnaissance du fait. — Si sous ses yeux et à la longueur de son sceptre, une bataille eût eu lieu dans sa capitale, eût-elle été en réalité une *œuvre de guerre*, n'eût-elle point eu le caractère de *révolte*, et à peine conservé celui de *révolution ?*

Tel était l'élément essentiellement fatal, qu'un retard de quarante-huit heures apportait dans la balance des résolutions. Mais la situation respective de notre armée et de celles de l'ennemi, garantissait encore le maintien provisoire de la position; sinon jusqu'à l'arrivée des souverains, au moins et certainement, jusqu'à la confirmation par eux des conditions précisées dans la lettre du duc de Wellington. En un mot, *l'armistice était constitué par les faits*; il prorogeait l'action des pouvoirs suprêmes représentant la nation; il excluait cette usurpation dictatoriale qui, faisant suite et triomphe à d'obscures et ignobles manœuvres, a seule précipité vers un abime le cours légal des événements.

En outre de la lettre éminemment sage du général anglais, un incident collatéral venait en aide à la position ; car violer les droits de l'honneur est relever les droits de la guerre. — A l'outrageux défi du fougueux soldat de la Prusse, l'intrépide défenseur de Hambourg trouvait l'occasion de répondre : « *La France a le tempérament glorieux, elle n'accepte pas la honte. Son armée veut mourir dans sa gloire ; je suis son chef, je dois, je veux y mourir avec elle ; elle ne repousse pas le prince que l'Europe désire, elle lui ouvre ses rangs et le proclame elle-même; mais quant à vous, elle attendra comme je l'ai fait à Hambourg, une décision qui est dans le droit des Souverains, et excède celui d'un soldat brutal; prenez garde vous-même, qu'en voulant être un Brennus vous ne suscitiez un Camille ! Attaquez-*

nous si vous l'osez !

La question politique eût été mise hors de cause, et il est démontré, par le rapprochement des faits exactement simultanés, que l'attaque n'eût pas eu lieu ! !

Conclusions historiques.

Nous croyons devoir nous arrêter, là où s'arrête l'expression formelle des documents incontestables que nous soumettons à l'histoire; et nous ne nous sommes permis de traiter la question stratégique, que comme essentiellement nécessaire, pour faire ressortir l'importance historique, des faits mis à jour par la mission militaire des 28 et 29 juin 1815.

S'il est démontré que la résolution irrévocable de l'armée prussienne, et par suite de l'armée française, était connue du pouvoir exécutif dans tout son vrai, le 29 au soir; que la destruction de l'ennemi était à sa plus entière discrétion les deux jours suivants; que l'immobilité imposée a notre armée malgré son ardeur de résistance, a été facturée par la fraude et la violation de tous les droits et pouvoirs supérieurs; que cette immobilité a seule relevé les armées ennemies d'une position désastreuse. — S'il est encore démontré : que le 29 juin, à une heure du matin, le maréchal Blucher offrait par la mission militaire, un armistice fixé sur des conditions moins rigoureuses que celles que le duc de Wellington accordait le 2 juillet,—et qu'enfin, lorsque ces dernières prétendaient simplement à un *armistice temporaire*, et non pas à une *capitulation définitive;* cette dictature a spontanément sacrifié, la capitale, l'armée, la patrie et les principes acquis à tous les peuples par 25 ans de notre gloire..........., alors quelle qualification donner aux actes qui ont conduit les faits à l'heure de la nécessité?

A dieu ne plaise, que nous voulussions affronter l'anathème, lancé contre quiconque oserait *accuser de faiblesse ou lâcheté*, *l'intrépide défenseur de Hambourg*, *devenu* (nominalement) *le défenseur de Paris. Accuser un tel homme serait une folie de l'esprit de parti....* Parceque la gloire antérieure, l'intégrité de caractère et d'existence, placent le maréchal Davoust au-dessus du soupçon. Mais cette justice elle-même n'en appelle-t-elle point une autre, sur la simple matérialité des faits accomplis du 29 juin au 3 juillet, sous l'autorité dictatoriale du *défenseur de Paris?* La conscience publique peut-elle voir dans ces faits autre chose, qu'une marche ténébreuse, arbitraire, *inflexible*, vers la capitulation de Paris, vers ce protocole, cette base constitutive des traités de 1815.... de ces traités devenus funestes aux nations qui les ont imposés à l'Europe, et qui les déchirant elles-mêmes aujourd'hui, fixent ses espérances vers un autre Germanicus.

Il serait, nous le croyons, impossible de préciser et à plus forte raison unifier, cet être essentiellement collectif sinon même fantastique, sur lequel l'aveuglement vulgaire, jette depuis cinquante ans l'anathème du mot *trahison*. Aucune individualité, pas même celle de la France entière, ne serait assez grande pour résumer sur elle seule, l'attentat commis en 1815 contre le *droit des peuples;* mais les vrais coupables se révèlent aujourd'hui; en subissant la terrible réaction de ce qui fut la trahison réelle..... elle fut celle de la coalition, qui par ses violations trahit alors l'avenir de l'Europe!..

Conclusions personnelles.

Nous ne pouvons terminer notre appel à l'histoire, sans renouveler l'expression de regrets trop autorisés, de ce que ces explications aient pu devenir un devoir pour des agents essentiellements neutres et subalternes, tandis qu'elles ont été un droit si honorable et si ardemment revendiqué, par M. le maréchal Grouchy lui-même.

A la suite de longues récriminations partielles respectives, le débat de 1840 avait largement ouvert l'auditoire du public. Une immense manifestation politique, citait dans l'intérêt de l'avenir, *les faits et les hommes de 1815*, à comparaître devant la *sévère justice* de la nation et de l'histoire. L'épanchement de tous les aveux, la remise et la vérification de tous les documents de part et d'autre allégués, devaient être la conséquence nécessaire de la position.

Alors dans un noble premier mouvement longtemps renouvelé, M. le Maréchal nous écrivait : « Je vous « réitère le conseil et le vœu, que vous attaquiez de- « vant les tribunaux comme calomniateur le général « Berthezène. Ne vous en tenez pas, je vous le demande « instamment au nom de la mémoire de votre oncle, « mais aussi au nom de l'attachement dont il m'a donné « tant de preuves ; je vous conjure de ne pas vous en « tenir à une rétractation de la part de ce méchant « homme, cela ne suffit pas, surtout à moi ; c'est un « grand éclat qui peut seul me venger des atroces ca- « lomnies dont on me rend l'objet, et vous seul pouvez « convenablement le faire cet éclat....... Vous allez me « rendre le plus éminent de tous les services, en faisant « ce que j'attends et réclame de votre loyauté, de votre « juste indignation, de voir ma réputation militaire ter- » nie presqu'au terme de ma carrière par des misé- » rables....... Je crains qu'on ne paralyse ou n'atténue » les suites d'une affaire, dont il importe tant à mon » honneur et à la mémoire de votre oncle, de faire re- » tentir la France et l'Europe....... Je veux que l'at- » taque soit poussée à fond, foudroyante, et continuée » jusqu'à ce que vous et moi ayons flétri le calomnia- » teur par un jugement solennel..... Je ne veux enten-

» dre aucune réparation ou rétractation, c'est je le ré-
» pète, flétrir à jamais Berthezène que nous voulons,
« et nous y parviendrons. »

Tel était le programme de coopération qui nous avait été donné par M. le Maréchal, et il portait le témoignage incontestablement sincère de la conscience. La désertion respective en 1840 d'un champ clos aussi violemment ouvert, avait eu pour nous une très-grave signification, en raison des circonstances politiques de l'époque. Le rappel qui en a été fait en 1864, nous à démontré que ces circonstances politiques étaient persistantes, encore célées au fond de la question, et nous a conduit enfin à cette preuve : *qu'un crime de lèse-nation avait pour principal révélateur, le fait du 29 juin 1815 !*

Mieux que qui que ce puisse être au monde, M. le Maréchal était en droit et en mesure en 1840; de démontrer que son calomniateur courtisan du pouvoir d'alors, avait été le 3 juillet 1815, le préféré entre tous, des auteurs de la capitulation de Paris; (1) de mettre à jour les manœuvres dynastiques qu'il avait dit avoir déjouées, — de fixer strictement les précédents et l'objet de la mission du 28 juin, — de préciser les circonstances et l'intensité des séditions du 29, — de dissiper les

(1) La seule récompense nommément et isolément inscrite aux actes du Gouvernement provisoire de 1815, n° 1124, est la décoration de grand officier de la Légion-d'honneur, conférée le 5 juillet 1815 à M. Berthezène, et la simple décoration à un lieutenant. L'auteur des *Souvenirs militaires* passe ce fait sous silence, dans son œuvre si peu mesurée à l'égard de nombre de plus dignes que lui.

obscurités de la nuit désastreuse du 29 au 30, — de venger sa noble armée de l'agonie de gloire qu'elle a subie, dans les deux fatales journées du 30 juin et 1er juillet.

Personne ne croira que M. le Maréchal ait pu renoncer volontairement, à placer sa propre gloire sous l'égide de la simple matérialité des faits, en démontrant comme nous croyons le faire aujourd'hui..., qu'au moment ou il ramenait notre armée intacte au foyer de la patrie, son commandement a été brisé dans sa main, et sa vie incessamment patriotique depuis 1789, a été tranchée. — Qu'à ce moment précis, l'armée a été frappée d'immobilité, pour attendre les étreintes de l'ennemi; et après avoir été placée pendant deux jours face à face avec la victoire, a vu s'accomplir à la longueur de son épée, la chute immense d'une dynastie, non pas de personnes, mais de principes.

Non : si les défaillances de l'âge ont pu paralyser un tel droit, elles n'ont pu l'anéantir ; il appartient d'ailleurs à tout solidaire. La gloire, nous le savons trop, répugne à l'aveu des outrages subis, mais l'histoire ne tient pas compte de semblables pudeurs; elle révère Jeanne-d'Arc sur son bûcher plus encore que sous son étendard, et Napoléon à Sainte-Hélène non moins qu'à Vienne et à Berlin. La génération nouvelle affranchie de ces pudicités personnelles, ne peut mieux constituer la mémoire de ses auteurs, qu'en constituant leur bon droit, par l'impassible aveu de toutes choses et la remise de tous documents historiques. En constituant ainsi les titres du nôtre, nous croyons apporter encore aujourd'hui quelque chose à l'histoire, au profit de la mémoire militaire de M. le maréchal Grouchy.

Le 25 juin 1866.

CH. LE SÉNÉGAL.

Bayeux. — Typ. de St.-Ange DUVANT.

www.ingramcontent.com/pod-product-compliance
Ingram Content Group UK Ltd.
Pitfield, Milton Keynes, MK11 3LW, UK
UKHW020409220726
13923UKWH00004B/1842